Jon Scieszka
TRUCKTOWN
en Calle de la Lectura

GIRA Y GIRA

PEARSON

Glenview, Illinois • Boston, Massachusetts • Chandler, Arizona
Shoreview, Minnesota • Upper Saddle River, New Jersey

Carlos está con Max en la arena.

Bárbara aparece por el camino.

—Pídele que diga ya —dice Max.

2

—Yo les ayudaré —dice Bárbara—.
Uno, dos, tres. ¡Ya!

Pero... ¿qué pasa?

¡Gira, gira, gira!

 Carlos gira y gira.

Pero no sale en carrera.

4

¡Gira, gira, gira!

 Max gira y gira.

Pero no sale en carrera.

Al ratito, Carlos para. Ya no gira.

—Max ganó. ¡Es el número uno!

—avisa Carlos.

¿Ganó? Bárbara no sabe qué pasa.

—¿No era una carrera?

Max se quedó aquí —dice ella.

—Seguro que ganó —le dice Carlos—.

Mira su loma de arena.

¡Es una loma maravillosa!